ESTHER

Une femme dont le courage égala la beauté

Raconté par Marlee Alex

Illustrations de Tiziana Gironi

Les colonnes de marbre de la cour miroitaient au soleil. C'était la fin de l'après-midi du septième jour du banquet. Certains invités du roi étaient déjà à moitié ivres. Ils titubaient sur le sol carrelé de mosaïques, qui, même pour le roi du grand empire perse, était de grand prix. Sous leurs pieds, des joyaux et des perles scintillaient parmi d'autres pierres colorées. Au même moment, le Roi Assuérus brandit son lourd gobelet d'or rempli de vin et ordonna qu'on aille chercher sa femme, la Reine Vasti.

Les princes, les nobles et les officiers invités au banquet se mirent à crier. ''Oui, amenez la reine!'' s'exclamèrent-ils en écartant les rideaux pourpres qui leur cachaient l'intérieur du palais. ''Elle est plus belle que tous les trésors royaux réunis!''

Les serviteurs se précipitèrent dans la salle de banquet où la reine divertissait les femmes. Mais ils revinrent sans elle.

"Quoi?" s'exclama le Roi Assuérus. "La reine refuse de venir?"

Le roi était embarrassé devant ses invités. Et il était fâché. Lui, l'homme le plus puissant, le chef d'un empire qui s'étendait de l'Inde à l'Ethiopie! Lui à qui tout le monde désirait plaire! Il était habitué à ce qu'on obéisse à ses moindres désirs. Or voilà que sa propre épouse l'ignorait!

5

Il rassembla les princes et les nobles autour de lui. "Que dois-je faire devant une attitude aussi insultante de la part de la reine?" demanda-t-il.

"Eh bien, tu dois agir, Assuérus!" dirent les hommes sur un ton de regret. "Si tu laisses ta femme te désobéir, nos femmes nous traiteront sûrement de la même manière. Bientôt, toutes les femmes de l'empire se mettront à harceler leurs maris."

"Renvoie-la!" insista un des princes. "Et dis à tout le monde pourquoi tu agis ainsi."

Alors le roi publia un décret à travers tout l'empire, traduit dans la langue de chaque province. Il déclarait que chaque homme devait être le maître de sa maison et que son épouse lui devait obéissance. Bien sûr, le roi savait qu'il devait montrer l'exemple: la reine Vasti fut chassée de l'empire.

Cependant, peu de jours passèrent avant que le Roi Assuérus ne regrette ce qu'il avait fait. Sa femme lui manquait. Pour le consoler, son entourage lui suggéra de choisir une nouvelle reine. Ses officiers lui proposèrent de faire rechercher et de faire venir au palais les plus jolies filles de l'empire. Pendant un an, elles y seraient choyées comme des princesses. Elles auraient droit aux parfums, aux crèmes et aux maquillages les plus chers, avant d'être présentées au roi une par une. Après les avoir toutes vues, le roi pourrait choisir sa préférée et en faire sa reine.

Assuérus fut séduit par l'idée. Ainsi, il était sûr de trouver une jeune femme aussi belle que Vasti, et qui, elle, ne le ridiculiserait jamais! Il décida, pour s'en assurer, d'établir une liste complète de ce qu'on attendrait d'elle et des moments où elle aurait le droit de le voir. Et le roi annonça qu'un concours de beauté serait organisé au palais.

Un homme appelé Mardochée vivait dans la capitale, non loin du palais. C'était un Juif, un descendant des Israélites. Une jeune femme vivait chez lui.

Elle s'appelait Esther. C'était une de ses cousines. Celui-ci l'avait recueillie dans sa maison quand elle était petite et l'avait élevée comme sa propre fille.

La peau d'Esther était douce comme de la soie, et son teint, d'un rose délicat. De longs cils noirs mettaient en valeur ses grands yeux expressifs. ''Elle est parfaite pour le concours,'' dirent les hommes du roi quand ils la virent. Elle fut la première à être choisie.

Esther était une jeune femme pleine de vie, mais la grâce et la gentillesse mesuraient son enthousiasme. Elle devint vite la favorite d'Hégé, le serviteur qui avait la responsabilité de toutes les femmes. Il donna à Esther la plus belle chambre du palais, et sept jeunes filles pour la servir et lui prodiguer des soins de beauté. Elle avait le premier choix de fruits exotiques et de vêtements luxueux.

Malgré tout, son cousin Mardochée était inquiet pour elle. Il était bien obligé de la laisser partir, mais il lui recommanda de ne pas révéler qu'elle était juive. Chaque jour, il se promenait autour du jardin et passait près de sa fenêtre. Le sourire et le visage heureux d'Esther le réconfortaient alors.

Enfin arriva le jour où Esther devait rencontrer le roi. Hégé lui demanda si elle voulait choisir elle-même les vêtements qu'elle désirait porter. ''Et choisis parmi ces bijoux,'' offrit-il, lui tendant une boîte ornée de décorations sculptées à la main. Elle était entourée de rangées d'émeraudes et de rubis.

Esther posa soigneusement la boîte sur sa commode. Puis elle en souleva le lourd couvercle. Son contenu l'étourdit. Elle était remplie de colliers, de bagues, de broches, de bracelets, de voiles de perles et de peignes ornés de bijoux. Esther n'avait jamais rien vu d'aussi magnifique. Elle caressait les bijoux étincelants en se retournant vers Hégé.

''Je viens d'une famille ordinaire,'' dit-elle. ''Pourquoi prétendre être riche et importante? Si je dois porter un de ces bijoux, choisis-le pour moi.''

Hégé retira de la boîte une simple rangée de perles scintillantes et la mit autour du cou d'Esther. Puis il choisit une robe de soie toute simple. Elle lui allait parfaitement. Hégé savait qu'une robe sans fantaisie attirerait l'attention du roi sur la beauté naturelle d'Esther, ce genre de beauté qui vient de l'intérieur.

Alors qu'Esther traversait les longs couloirs pour se rendre aux appartements du roi, les serviteurs interrompaient leur travail pour l'admirer. Au premier regard, le roi sut qu'il n'avait plus besoin de chercher sa reine. Il proclama un jour de fête à travers tout l'empire, ordonna un grand banquet au palais et envoya des présents à chaque province pour célébrer son mariage avec Esther.

Les jours et les années du règne d'Esther passèrent très vite pour elle. Son cousin Mardochée devint officier de la Garde impériale, juste à l'intérieur des portes du palais.

Un jour, Mardochée surprit la conversation de deux autres officiers qui voulaient tuer le roi. Il en parla à Esther, et elle les dénonça. La vie du roi fut sauvée, et on inscrivit le nom de Mardochée dans le Livre de l'Histoire de l'empire.

13

Peu de temps après, le roi désigna un nouveau premier ministre. Il s'appelait Aman. C'était un orgueilleux. Il voulait que tous, serviteurs et fonctionnaires, s'inclinent à son passage. Tous le faisaient, parce que Aman était un homme dur et cruel. Ainsi, chacun s'inclinait devant Aman, sauf Mardochée.

"Je suis un Juif," insistait Mardochée. "En tant que Juif, je ne peux m'incliner que devant Dieu".

Cela provoqua la colère d'Aman. Il voulait faire pendre Mardochée. Mais il résolut de faire quelque chose d'encore pire pour se venger. Il décida de faire tuer tous les Juifs de l'empire. Il fit jeter une paire de dés pour déterminer quel serait le jour exact du massacre. Il pourrait alors semer la terreur et la désolation parmi tous les Juifs de l'empire.

Aman en parla au roi. "Il y a dans ton empire un peuple qui n'obéit pas à tes lois," affirma-t-il. "Ces gens devraient être exterminés. Sinon tous les habitants de l'empire agiront de la même manière."

Le roi ne posa pas de questions. "Fais comme tu veux", dit-il en lui remettant l'anneau qui portait ses initiales pour sceller le décret du massacre. Le roi avait l'habitude de donner à Aman tout ce que celui-ci désirait.

Aman ressortit tout content. Il scella le décret avec l'anneau du roi, et il envoya des messagers l'apporter en hâte aux gouverneurs de chaque province. Il leur ordonnait de tuer tous les Juifs, jeunes et vieux, femmes et enfants, à un jour et une heure précis. Aman dit encore aux gouverneurs qu'ils deviendraient ainsi des héros.

Les Juifs de la capitale furent les premiers à entendre le décret. La panique s'empara d'eux. Quand Mardochée fut au courant, il courut à travers les rues en criant et en pleurant jusqu'aux portes du palais. La nouvelle se répandit jusqu'à ce que tous les Juifs soient terrifiés. Ils refusaient de manger, déchiraient leurs vêtements et se couvraient de cendres pour protester devant Dieu et le roi.

Au palais, la Reine Esther ignorait tout du décret de massacre. Personne, pas même le roi, n'aurait pensé qu'elle était juive. Cela faisait maintenant plus de trente jours qu'elle était seule dans ses appartements. Le roi ne l'avait pas fait venir, et il était interdit à la reine de demander à voir le roi.

Esther s'était ennuyée pendant tout ce temps. La tristesse commençait à la gagner. C'était comme si le roi l'avait oubliée. Elle avait peur qu'il soit en colère contre elle.

Le souci et la peine lui faisaient craindre le pire. Le roi allait la renvoyer comme il l'avait fait pour la reine Vasti.

Esther devait être tenue à l'écart de toute affaire politique. Mais une de ses servantes lui rapporta que Mardochée était devant les portes du palais, vêtu d'une tunique en peau de chèvre et recouvert de cendres. Esther était horrifiée. Elle envoya la servante parler à Mardochée.

Mardochée lui remit une copie du décret d'Aman et il lui demanda de parler à Esther de la terreur qui régnait parmi les Juifs.

Il envoya ce message à Esther: ''Va voir le roi et dis-lui que toi aussi tu es juive. Supplie-le de sauver la vie de ton peuple partout à travers son empire.''

Quand elle reçut ce message, Esther se mit à trembler de la tête aux pieds. Elle s'assit et elle griffonna une note pour Mardochée. ''Tout le monde sait que si la reine n'a pas été demandée, elle n'a pas le droit de parler au roi. En essayant d'avoir la permission de le voir, je risque d'être mise à mort.

De toute façon, je pense qu'il est fâché contre moi''.

Mais Mardochée la supplia à nouveau: ''Crois-tu que tu seras épargnée simplement parce que tu es la reine? Dieu peut trouver quelqu'un d'autre pour aider les Juifs si tu as peur de parler en notre faveur. Mais toi et ta famille, vous serez tués. Aie confiance, Esther! Peut-être que Dieu t'a fait reine pour cette raison.''

Esther frémit et poussa un profond soupir. L'idée d'aller devant le roi l'affolait déjà, mais lui apprendre que sa propre femme était juive, et lui demander d'annuler un décret portant son sceau, c'était inimaginable. Sa tête s'affaissa et les larmes jaillirent de ses yeux. Non, elle n'en aurait jamais le courage!

Puis, quelqu'un parla doucement au cœur d'Esther. La voix se fit plus forte et plus pressante: ''Peut-être que Dieu t'a fait reine pour cette raison''.

Esther releva la tête et en même temps ses forces lui revinrent. ''Retourne voir Mardochée,'' chuchota-t-elle à sa servante. ''Dis-lui de rassembler tous les Juifs de la ville. Demande-leur de prier et de jeûner pendant trois jours. Je ferai la même chose. Puis, même si c'est interdit, j'irai vers le roi. Si je dois mourir pour mon peuple, alors qu'il en soit ainsi.''

omme elle l'avait promis, Esther pria sans arrêt pendant trois jours. Puis elle s'enduisit la peau d'huiles parfumées, se vêtit de sa robe rouge et se rendit lentement à la salle du trône où le roi était assis. Elle s'arrêta juste avant qu'il puisse la voir et elle attendit dans l'ombre. Une faible lumière dansait contre le mur. Le cœur d'Esther battait fort, mais ses yeux sombres étaient résolus.

Le roi sembla sentir sa présence. L'odeur de son parfum remplissait la pièce. Il tourna la tête et il la vit debout dans la douce lumière. Esther était si ravissante. Sa beauté réveilla des sentiments oubliés dans le cœur du roi.

Il leva son sceptre en or vers Esther. C'était le signe qu'il l'accueillait, qu'elle n'avait pas à s'inquiéter. Esther s'approcha et toucha de ses doigts le bout de son sceptre. Elle et le roi échangèrent un regard de tendresse.

''Qu'y a-t-il, Esther? Je te donnerai tout ce que tu désires, même la moitié de mon royaume'', offrit le roi Assuérus.

Le cœur d'Esther battait encore fort. Elle ne se sentait pas tranquille. Elle hésita, baissa les yeux, et répondit doucement: ''Je souhaiterais avoir le plaisir de dîner ce soir en ta compagnie et en celle de ton premier ministre, Aman.''

''J'accepte volontiers'', répondit le roi.

Le soir venu, alors qu'Esther et ses invités étaient étendus sur leurs divans autour de la table, le roi leva son verre de vin et il dit: ''Maintenant, parle, Esther. Que voudrais-tu que je t'offre? Je t'offrirai tout ce que tu désires!''

Cette question ne rassura pas Esther, au contraire. Elle sentait que le moment était mal choisi. Aussi, elle répondit: ''Je désire avoir le plaisir de vous avoir de nouveau à ma table demain. Si tu veux vraiment me rendre heureuse, s'il te plaît, viens demain et je te parlerai alors.''

Ce soir-là, les deux hommes sortirent de table tout contents d'eux-mêmes. Chez lui, Aman se vanta d'avoir dîné avec le roi et la reine, et d'avoir été invité à nouveau le lendemain.
''Mais ce misérable Mardochée! ''s'exclama Aman. ''Aujourd'hui encore, il a refusé de s'incliner devant moi au palais. C'est humiliant!''

''On devrait le pendre tout de suite!'' déclara la femme d'Aman.

"Bonne idée!" répondit Aman. Il ordonna qu'on construise un gibet le jour même et il décida de demander au roi la permission de faire pendre Mardochée dès qu'il le verrait le lendemain matin.

Cependant, cette nuit-là, le roi se réveilla et ne put se rendormir. Il décida alors de faire bon usage de son temps, et il se mit à lire le Livre de l'Histoire de son empire. A l'aube, il était en train de lire le passage sur le

complot de la Garde impériale contre le roi dénoncé par Mardochée.

Au matin, il demanda à l'un de ses serviteurs: ''Est-ce que ce Mardochée a été récompensé?''

''Non, mais il garde toujours fidèlement les portes du palais''.

A l'instant même, le roi décida de faire quelque chose pour récompenser Mardochée. Ce matin-là, quand Aman arriva pour travailler, le roi Assuérus lui demanda: ''Dis-moi, comment devrais-je récompenser un homme qui a gagné ma faveur?''

Aman se dit: ''Qui mérite plus que moi la faveur du roi?'' Alors il répondit: ''Mets ta robe royale sur ses épaules et une couronne sur sa tête. Fais-le s'asseoir sur ton cheval et demande à l'un de tes plus nobles princes de le promener à travers les rues en criant: Voici comment le roi récompense ceux qui ont gagné sa faveur!''

''Très bonne idée!'' répondit le roi avec un grand sourire. ''Tiens, prends cette robe et cette couronne, va chercher mon cheval et promène Mardochée à travers la ville. Fais bien attention de crier aussi fort que tu le peux: Voici comment le roi récompense ceux qui ont gagné sa faveur!''

Stupéfait, Aman regarda le roi. Il lui était impossible de dire au roi que ce jour même il avait l'intention de faire pendre Mardochée. Aman se força alors de sourire en se tordant les lèvres avant de s'incliner devant le roi. ''O-u-oui, Majesté,'' bégaya-t-il. C'est ainsi qu'Aman fut obligé de faire ce que le roi avait ordonné.

Comme convenu, cet après-midi-là, Aman se rendit dans les appartements de la reine pour déjeuner. Cette fois, lorsque le roi demanda à Esther pourquoi elle les avait invités, elle répondit, ''Si tu m'aimes vraiment, alors sauve ma vie et celle de mon peuple dans tout l'empire. Car on a décrété que tous les Juifs devraient être massacrés le 28 février de cette année.''

''Qui ordonnerait une chose aussi cruelle?'' demanda le roi en colère.

''Cet homme, Aman,'' répondit Esther.

Aman pâlit de frayeur et tomba aux pieds de la reine Esther en la suppliant de lui faire grâce. Le roi Assuérus était paralysé par la surprise. Il se précipita hors de la pièce, puis il revint soudain. Retrouvant Aman insistant toujours auprès de la reine, il devint furieux. Il ordonna qu'Aman soit pendu ce jour même.

Esther se mit à pleurer. Des larmes coulaient comme des gouttes de pluie sur ses joues pâles. Les soucis et la peur, sa lutte pour avoir du courage et agir avec foi en Dieu, tout cela était maintenant terminé. Mais elle se sentait affaiblie. Le roi la regarda à nouveau et il lui tendit son sceptre d'or. Elle sut alors qu'ensemble, ils trouveraient un moyen de sauver la vie du peuple juif.

29

Aman fut pendu au gibet qu'il avait fait construire pour Mardochée. Mardochée devint premier ministre à la place d'Aman. Dès lors, le roi accorda de plus en plus sa faveur à Esther, qui eut une influence croissante sur les affaires de l'empire.

Esther avait eu le courage de risquer sa vie en mettant sa foi en Dieu. Elle fit confiance à sa voix paisible et apprit qu'il intervenait toujours au bon moment.